BEI GRIN MACHT SICH WISSEN BEZAHLT

- Wir veröffentlichen Ihre Hausarbeit, Bachelor- und Masterarbeit

- Ihr eigenes eBook und Buch - weltweit in allen wichtigen Shops

- Verdienen Sie an jedem Verkauf

Jetzt bei www.GRIN.com hochladen und kostenlos publizieren

Geraldine Strutz

Konzeption einer Kundenzufriedenheitsanalyse am Beispiel des Unternehmens XYZ AG, Bereich X

GRIN Verlag

Bibliografische Information der Deutschen Nationalbibliothek:

Die Deutsche Bibliothek verzeichnet diese Publikation in der Deutschen Nationalbibliografie; detaillierte bibliografische Daten sind im Internet über http://dnb.d-nb.de/ abrufbar.

Dieses Werk sowie alle darin enthaltenen einzelnen Beiträge und Abbildungen sind urheberrechtlich geschützt. Jede Verwertung, die nicht ausdrücklich vom Urheberrechtsschutz zugelassen ist, bedarf der vorherigen Zustimmung des Verlages. Das gilt insbesondere für Vervielfältigungen, Bearbeitungen, Übersetzungen, Mikroverfilmungen, Auswertungen durch Datenbanken und für die Einspeicherung und Verarbeitung in elektronische Systeme. Alle Rechte, auch die des auszugsweisen Nachdrucks, der fotomechanischen Wiedergabe (einschließlich Mikrokopie) sowie der Auswertung durch Datenbanken oder ähnliche Einrichtungen, vorbehalten.

Impressum:

Copyright © 2006 GRIN Verlag GmbH
Druck und Bindung: Books on Demand GmbH, Norderstedt Germany
ISBN: 978-3-656-69239-3

Dieses Buch bei GRIN:

http://www.grin.com/de/e-book/276364/konzeption-einer-kundenzufriedenheits-analyse-am-beispiel-des-unternehmens

GRIN - Your knowledge has value

Der GRIN Verlag publiziert seit 1998 wissenschaftliche Arbeiten von Studenten, Hochschullehrern und anderen Akademikern als eBook und gedrucktes Buch. Die Verlagswebsite www.grin.com ist die ideale Plattform zur Veröffentlichung von Hausarbeiten, Abschlussarbeiten, wissenschaftlichen Aufsätzen, Dissertationen und Fachbüchern.

Besuchen Sie uns im Internet:

http://www.grin.com/

http://www.facebook.com/grincom

http://www.twitter.com/grin_com

Konzeption einer Kundenzufriedenheitsanalyse am Beispiel des Unternehmens XYZ AG, Bereich X

von
Geraldine Strutz

Inhaltsverzeichnis

Abkürzungsverzeichnis III
1. Einleitung 4
2. Konzeption einer Kundenzufriedenheitsanalyse am Beispiel des Unternehmens XYZ AG, Bereich X 6
   2.1 Vorstellung der XYZ AG und welches Ziel sich hinter der Kundenzufriedenheitsanalyse verbirgt 6
   2.2 Ausarbeitung der Messmethodik 8
      2.2.1 Zielgruppenfestlegung der Befragung 8
      2.2.2 Inhalt 9
      2.2.3 Arten der Befragung 10
      2.2.4 Der Fragebogen 14
         2.2.4.1 Fragebogenentwicklung und -aufbau 14
         2.2.4.2 Frageformulierung und Reihenfolge 15
         2.2.4.3 Skalierung 16
   2.3 Pretest 18
   2.4 Stichprobenbestimmung 19
   2.5 Durchführung der schriftlichen Befragung 20
      2.5.1 Begleitschreiben 20
      2.5.2 Datenerhebung 20
   2.6 Analyse der Ergebnisse 21
      2.6.1 Datenauswertung 21
      2.6.2 Ergebnisbericht 23
3. Literaturverzeichnis (inklusiver weiterführender Literatur) 26
   Internetquellen: 31
4. Abbildungsverzeichnis 32
5. Tabellenverzeichnis 32
6. Anhang 32

Abkürzungsverzeichnis

Aufl.	-	Auflage
Bd.	-	Band
bspw.	-	beispielsweise
bzgl.	-	bezüglich
bzw.	-	beziehungsweise
ca.	-	circa
CIT	-	Critical Incident Technique
CSI	-	Customer Satisfaction Index
C/D-Paradigma	-	Confirmations/Disconfirmations-Paradigma
d. h.	-	das heißt
Diss.	-	Dissertation
E-Mail	-	Electronic Mail
et al.	-	et alii
etc.	-	et cetera
evtl.	-	eventuell
f	-	folgende Seite
ff	-	fortfolgend
ggf.	-	gegebenenfalls
H.	-	Heft
Hrsg.	-	Herausgeber
Jg.	-	Jahrgang
KZH	-	Kundenzufriedenheit
Mio.	-	Million
Mrd.	-	Milliarde
o. g.	-	oben genannt
PC	-	Personal Computer
S.	-	Seite
SEM	-	Sequentielle Ereignismethode
USA	-	United States of America
usw.	-	und so weiter
vgl.	-	vergleiche
z. B.	-	zum Beispiel

1. Einleitung

Prioritäten ändern sich: Wo vor einiger Zeit, als sich die Märkte in einem scheinbar andauernden Wachstum befanden, noch Kundenakquisition im großen Stil betrieben wurde, wird gegenwärtig um die bestehenden Kunden gekämpft. Die Märkte sind gesättigt, sie stagnieren oder gehen zurück, so dass sich die Aufrechterhaltung einer jeden Kundenbeziehung zu einem signifikanten Ziel priorisiert hat. Folglich liegt es einer Unternehmung daran, die Un- bzw. Zufriedenheit ihrer Kunden im Auge zu behalten, um unverzüglich handeln zu können. Voraussetzung ist das Messbar machen der Wahrnehmung und Beurteilung eines Kunden hinsichtlich der Leistung eines Unternehmens.[1] Dieses ermöglicht die Kundenzufriedenheitsanalyse, welche in dem folgenden Arbeit anhand einer empirischen Studie beleuchtet wird.
Beginnend mit einer kurzen Einführung in die Unternehmungsstruktur der XYZ AG, Bereich X, werden im Anschluss detailliert der Hintergrund und die Zielsetzung der Durchführung einer Kundenzufriedenheitsanalyse erläutert, um anschließend auf die Bestandteile der Analyse einzugehen. Der Fragebogen, die eigentliche Durchführung der Befragung und die Datenanalyse stellen in dieser Arbeit den empirischen Teil dar.

Die folgende Abbildung stellt den Weg von der Konzeption einer Kundenzufriedenheitsanalyse bis hin zu der eigentlichen Umsetzung der evtl. Verbesserungsmaßnahmen dar. In dieser Arbeit soll auf die einzelnen Schritte der Analyse eingegangen werden.

---

[1] Vgl. Pepels, W. (1995), S. 107 ff.

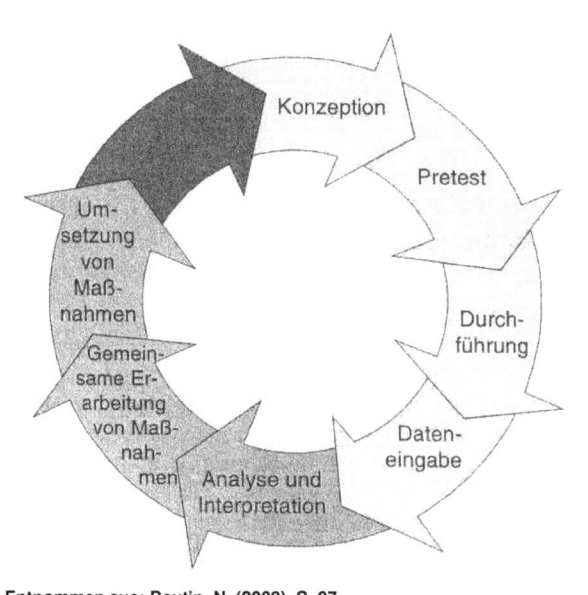

Quelle: Entnommen aus: Beutin, N. (2003), S. 97.
Abbildung 1: Ablauf einer Kundenzufriedenheitsuntersuchung und die Umsetzung der abgeleiteten Maßnahmen

2. Konzeption einer Kundenzufriedenheitsanalyse am Beispiel des Unternehmens XYZ AG, Bereich X

2.1 Vorstellung der XYZ AG und welches Ziel sich hinter der Kundenzufriedenheitsanalyse verbirgt

Die XYZ AG, weltweit Nr. 1 der Branche, erreicht mit seinen qualitativ hochwertigen und innovativen Produkten bei 85 Prozent der Geschäfte Positionen 1 bis 3 am Weltmarkt. Das Unternehmen erzielte mit seinen Geschäftsbereichen im Jahr 2005 einen Umsatz von 35 Mrd. Euro. An über 480 Standorten auf der ganzen Welt arbeiten ca. 62 000 Personen. Im Rahmen des Konzeptes „Future" setzt sich das Unternehmen zur Erreichung eines nachhaltigen und profitablen Wachstums hohe Ziele. Stärkere Kundenorientierung und Innovation werden als erstes und somit oberstes Ziel genannt. Weitere Ziele sind, mehr Effizienz in der Produktion zu erreichen, Wachstumsmärkte stärker zu nutzen und bessere Qualifikation und Motivation der Mitarbeiter zu erzielen.[2] Einen wesentlichen Geschäftsbereich stellt X dar. Dieser ist wiederum in 8 Business Lines unterteilt. Die Kundenzufriedenheitsanalyse wurde für die Business Line Y durchgeführt.

XYZ und als Teil davon Y, ist sich der Situation bewusst, dass der Weg zu einem erfolgreichen und strategischen Kundenbindungsmanagement bei der Analyse der Kundenzufriedenheit beginnt. Mithilfe der Kundenzufriedenheitsanalyse ist es dem Unternehmen möglich, die Zufriedenheit eines Kunden messbar zu machen. Hieraus entsteht eine Kennziffer, die Aufschluss in Form von Fakten und konkreten Nachweisen über die Zufriedenheit der Kunden gibt.[3]

Die Ziele und zugleich Vorteile für das Unternehmen, die sich hinter einer Kundenzufriedenheitsanalyse verbergen, sollen in dieser Arbeit kollektiv erfasst werden. Primär geht es um langfristigen Erfolg im Kundenbindungsmanagement, d. h. eine dauerhafte Kundenbindung erreichen. Dies ist essentiell für ein kontinuierliches Umsatzwachstum ebenso werden Kosten durch die verringerte Notwendigkeit bei einer Neukundenakquisition eingespart. Des Weiteren ist die Weiterempfehlung treuer Kunden die Basis für neue Kundenkontakte und additionale Umsätze.[4] Als weitere Ziele der

---

[2] Vgl. Interne Firmenpräsentation, XYZ, Stand: 01.05.2006.
[3] Vgl. Raab, G., Unger, A., Unger, F. (2004), S. 401.
[4] Vgl. Berekoven, L., Eckert, W., Ellenrieder, P. (1999), S. 295.

Kundenzufriedenheit sind die sich aus der Kundenzufriedenheitsanalyse ergebenden Wettbewerbsvorteile oder sogar Anzeichen auf ein Neugeschäft zu sehen. Andererseits kann auch ein Hinweis auf mangelnde Zusammenarbeit Resultat einer solchen Analyse sein. Hier kann das Unternehmen umgehend eingreifen, um dieses Defizit zu beheben. An dieser Stelle knüpft ein weiteres Ziel an, welches darin besteht, besser für zukünftige Ereignisse gerüstet zu sein.

Um detaillierte Ziele abzuleiten, besteht die Kausalität in der Fragestellung bzw. der Leistungsabfrage und deren Beantwortung. Wird auf diese Weise nach einer wahrnehmbaren Marketingleistung und der Innovationsfähigkeit gefragt, lässt sich aus der Beurteilung eine eventuelle Verbesserung seitens des aktiven Marketings ableiten. Ein weiteres Beispiel ist die Befragung nach Problemlösungen auf Produktebene. Hier besteht der Hintergrund und somit ein aktuelles Unternehmensziel zu erfahren, ob die Produkte und der Service mehr an die Kundenwünsche angepasst werden müssen.

In jedem Fall ist es ein generelles Ziel des Unternehmens, eine Beurteilung über die Gesamtzufriedenheit des Kundenstammes zu bekommen. Diesem übergreifenden Ziel der Gesamtzufriedenheit sind Teilziele, wie z. B. Zufriedenheit mit den Mitarbeitern, mit den ablaufenden Prozessen, Produkten und Service, unterstellt.

Das Ziel der Business Line Y beruht darauf, durch die Kundenzufriedenheitsanalyse einen Überblick über die Un- bzw. Zufriedenheit der Kunden zu gewinnen und daraus eigene Vorteile abzuleiten und strategisch umzusetzen. Anhand von Fragen zu ausgewählten Leistungskomponenten wie Produktebene, Personenebene aus unterschiedlichen Bereichen (Vertrieb und Technik), prozessuale Abläufe und ideale Informationsweitergabe sowie das Leistungsangebot und Service soll Auskunft über folgende Punkte erzielt werden:

- Persönlicher Kontakt zu dem Kunden
- Optimierung des Angebotes
- Innovationen
- Interne Abwicklungen
- Optimierung bzgl. des Produktportfolios
- Servicelevel[5]

---

[5] Vgl. Alquen, K. (2000), S. 25 ff.

2.2 Ausarbeitung der Messmethodik

Das Unternehmen hat sich innerhalb der Konzeptionsphase für die Durchführung einer schriftlichen Befragung mit der Zustellung des Fragebogens via E-Mail entschieden. Die Vorteile und Nachteile dieser und anderer alternativer Erhebungsmethoden sollen in diesem Abschnitt erörtert werden. Vorerst ist festzuhalten, dass die Entscheidung, welche Messmethodik angewandt werden soll, noch vor der Entwicklung des Fragebogens getroffen werden muss, damit die ausgewählte Methodik innerhalb des Fragebogens Bezug findet.[6]

Im folgenden Verlauf soll ebenso auf die Zielgruppe und den Inhalt der Befragung, sowie auf den Komplex Fragebogen eingegangen werden.

2.2.1 Zielgruppenfestlegung der Befragung

Die Voraussetzung einer Kundenzufriedenheitsanalyse sind die gewonnen Informationen der befragten Kunden. Somit liegt es nahe, möglichst vielen und darüber hinaus für das Unternehmen unterschiedlich bedeutsame Kunden einen Fragebogen zukommen zu lassen. So können umfangreiche Informationen gewonnen
werden. Aktive Kunden geben Aussagen zu einer generellen Zufriedenheit und weisen auf Verbesserungsansätze hin. Besteht ein intensiver sozialer Kontakt zwischen dem Kunden und dem Unternehmen, werden oftmals Hinweise auf Innovationen und Trends an das Unternehmen übermittelt. Es empfiehlt sich, sowohl A- und B- als auch C-Kunden zu befragen, um anschauliche Rückschlüsse auf die Gesamtzufriedenheit aller Kunden ziehen zu können. Inaktive Kunden sollten nicht aus einer Kundenzufriedenheitserhebung ausgeschlossen werden. Sie geben Hinweise zur Unzufriedenheit und zu evtl. am Markt bestehenden Substitutionsprodukten. Auch verlorene Kunden liefern wertvolle Informationen und Ansätze zur Verbesserung durch ihre vorausgegangene Unzufriedenheit. Kunden der Konkurrenz senden Impulse bzgl. des Benchmarking, ebenso wie die Distributoren, die eine Gesamtauskunft ihrer Kunden über die Produkte der Unternehmung geben."[7]

Insbesondere sollten unter den aktiven Kunden die Key Accounts in Betracht gezogen werden. Diese haben einen bedeutungsvollen Einfluss auf den Erfolg eines

---

[6] Vgl. Christianus, D. (2002), S. 45.
[7] Vgl. Harmeier, J. (2006), S. 39 f.

Unternehmens. Somit ist es von Vorteil, deren Ansprüche, Erwartungen und Wünsche zu kennen. Eine Befragung von Key Accounts und großen Unternehmen sollte an verschiedene Bereiche gesandt werden, um eine einseitige Sichtweise ausschließen zu können.[8]

2.2.2 Inhalt

Um Antworten zu definierten Bereichen zu bekommen, ist es wichtig, diese in einer Kundenzufriedenheitsanalyse einzubringen. Für ein Unternehmen aus der Industrie bietet sich die Unterteilung in Produkt-, Service- und Beziehungsebene an. Abbildung 2 zeigt die Unterteilung der drei Ebenen.[9]

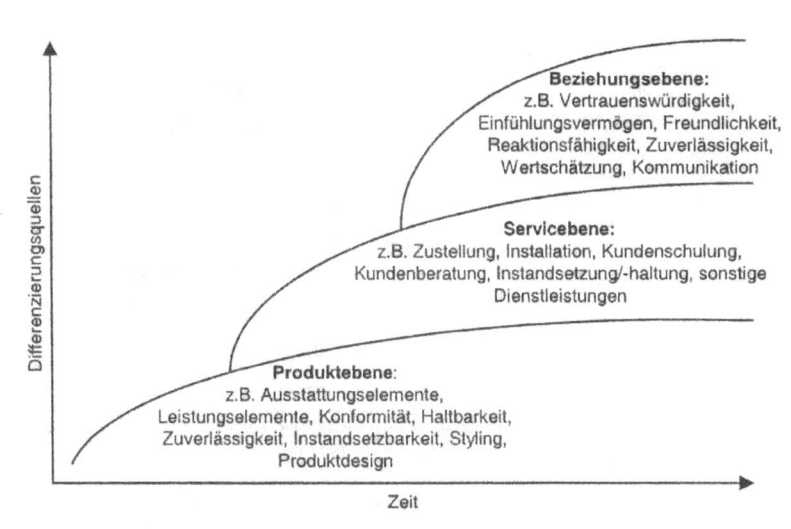

Quelle: Entnommen aus: Matzler, K., Bailom, F. (2002), S. 229.
Abbildung 1: Zufriedenheitskriterien auf Produkt-, Service-, Beziehungsebene

---

[8] Vgl. Elfroth, A., Neckermann, S., Zupancic, D. (2006), S. 56 f.
[9] Vgl. Matzler, K., Bailom, F. (2002), S. 229 ff.

2.2.3 Arten der Befragung

Prinzipiell haben sich vier Befragungsformen in der Sozial- und Marktforschung herauskristallisiert. Es werden in verschiedene Kommunikationsebenen (persönliche, schriftliche, telefonische und computergestützte bzw. Online-Befragung) unterschieden.

- **Schriftliche Befragung**

Die schriftliche Befragung erfolgt via Zustellung des Fragebogens an die ausgewählte Zielgruppe. Dabei kann der Postweg, die persönliche Verteilung oder eine Versendung per E-Mail als alternative Zustellungsform gewählt werden.[10] Der Befragte hat somit nach Erhalt des Fragebogens die Möglichkeit, diesen selbst auszufüllen und ihn anschließend an das Forschungsinstitut oder die Unternehmung zurückzuschicken.[11]
Die dabei eingesparten Interviewkosten sind von einer nicht unerheblichen Bedeutung. Im Vergleich zu einer mündlichen Befragung liegen die Kosten bei einer schriftlichen Erhebung großen Umfangs nur bei einem Viertel der anfallenden Belastungen.[12]
Somit ist die schriftliche Befragung prädestiniert für einen großen Verteilerkreis im In- und Ausland.[13] Fehler, welche bei einem Interview aufgrund der Beeinflussung durch den Interviewer entstehen können, sind bei der schriftlichen Erhebung auszuschließen. Insgesamt überzeugt diese Art der Befragung durch eine höhere Erreichbarkeit der Zielpersonen auch für weltweite Untersuchungen. Ein weiterer Vorteil liegt in dem Zeitrahmen, welcher dem Befragten zur Verfügung gestellt wird. Somit hat er ausreichend Zeit, sich über die Beantwortung Gedanken zu machen. Schnelle unüberlegte Antworten können aufgrund dessen von Anfang an eliminiert werden. Außerdem wird der Zielperson die Gelegenheit gegeben, die Beantwortung bei eventuellem Zeitmangel zu unterbrechen. Der Hinweis auf Anonymität der Befragung beeinflusst die Rücklaufquote im positiven Sinne.[14] Konträr dazu besteht bei der schriftlichen Befragung eine eher geringere Rücklaufquote als bei den anderen betrachteten Erhebungsmethoden. Durch den fehlenden persönlichen Kontakt zwischen Interviewer und Interviewten kommt es zu mangelnder Motivation bis hin zur Gleichgültigkeit des Befragten, den Fragebogen auszufüllen.[15] Auch vorgeschobener oder tatsächlicher

---

[10] Vgl. Kuß, A. (2004), S. 95-99.
[11] Vgl. Kromrey, H. (2002), S. 378.
[12] Vgl. Berekoven, L., Eckert, W., Ellenrieder, P. (1999), S. 112 f.
[13] Vgl. Christanus, D. (2002), S. 46.
[14] Vgl. Pepels, W. (1995), S. 202 f.
[15] Vgl. Burzan, N. (2005), S. 228.

Zeitmangel sind Motive, diesen nicht bearbeiten zu können.[16] Des Weiteren liegen Nachteile in der Struktur und Vollständigkeit des Fragebogens. Hat der Befragte Probleme bei der Fragestellung oder benötigt er unterstützend Hilfe, diesen korrekt zu interpretieren, ist kein Interviewer vor Ort, um Hilfestellung zu leisten. Jedoch ist zu erwähnen, dass bei einer klar strukturierten und einfachen Fragestellung und einem – ablauf, dieses Manko zu minimieren ist. Weder die Situation, in der sich der Proband befindet, noch die Reaktion auf die Fragen (z. B. Spontanreaktion – Einfall einer Beschwerde bzgl. eines Services) sind zu beobachten. Ebenfalls ist die Anwesenheit weiterer Personen nicht überprüfbar. Es kann daher zu einem Problem bei der Identität kommen, da nicht 100 prozentig gesagt werden kann, wer den Fragebogen letztlich ausgefüllt hat. Ein wesentlicher Schwachpunkt der Analyse ist die Begrenzung des Fragebogenumfanges. Ist dieser zu lang und zu aufwendig gestaltet, zögert der Befragte, diesen zu bearbeiten.

Abschließend ist anzumerken, dass die auftretenden Fehler durch verschiedene Maßnahmen (z. B. konzentriertes und durchdachtes Vorgehen bei der Erstellung des Fragebogens) zu beheben sind und der Rücklauf mittels verschiedener Aktionen zu verbessern ist. Letzteres soll anhand einiger Beispiele hervorgehoben und nachgewiesen werden:

- Formulierung eines Begleitschreibens (nach Möglichkeit mit persönlicher Anrede),
- optisch ansprechende Layoutgestaltung,
- Seriosität hervorheben (Darlegung des Forschungsvorhaben),
- Aufkommen von Versandkosten bei Kunden bzw. Probanden vermeiden,
- Vorherige Ankündigung per Telefon bspw. durch direkten Kundenbetreuer,
- Nachfaßaktionen (z. B. Erinnerungsschreiben oder -telefonat),
- Anreiz durch Gewinnaktion oder Präsente,
- Zusicherung einer Resultatsübersicht.[17]

- **Persönliche Befragung (Face-to-Face-Interview)**

Die persönliche Befragung erfolgt in Form eines Interviews. Hierbei ist der Ort der Befragung häufig das Zuhause oder der Arbeitsplatz des Interviewten. Gleichwohl finden Interviews auch auf der Straße oder bei Messen eine aktive Anwendung. Als Grundlage

---

[16] Vgl. Kuß, A. (2004), S. 100.
[17] Vgl. Pepels, W. (1995), S. 203 ff.

für die Interviewführung dient ein Fragebogen, um den Erhalt von vergleichbaren Resultaten zu gewährleisten.

Die Ausschöpfungsrate liegt in der Regel bei zufrieden stellenden 60 bis 90 Prozent. 100 Prozent sind nur selten zu erreichen, da es immer wieder zu Interviewausfällen, durch Verweigerung der Zielperson aus differenten Motiven oder durch deren schwere Erreichbarkeit, kommt.

Positiv ist, die Qualität der erhobenen Daten zu betrachten. Dies ist auf den Einsatz eines hochwertig ausgearbeiteten Fragebogens und auf die geschulten Interviewer zurückzuführen. Das persönliche Gespräch und die darin enthaltende

Betreuung sind bei der Fragebeantwortung hilfreich. So kann der Interviewer Defizite bei umfangreichen oder schwer verständlichen Fragen mittels Vorlage z. B. von Texten und Bildern oder ausführlichen Exempeln ausräumen. Einflussfaktor bei einem Face-to-Face-Interview ist oftmals der Interviewer selbst. Dies geschieht, wenn er eine subjektiv ausgeprägte Meinung zu dem Thema vertritt. Darüber hinaus kann auch seine Persönlichkeit und sein Verhalten ausschlaggebender Grund für eine Verzerrung des Antwortverhaltens des Befragten sein.

Die persönliche Befragung ist bei weitem aufwändiger und kostenintensiver als die anderen drei Erhebungsmethoden. Das liegt nicht zuletzt an den Honoraren und Fahrtkosten der Interviewer. Die Interviewer müssen, bevor sie überhaupt zum eigentlichen „Zug" kommen, ausgewählt, betreut und geschult werden. Der organisatorische und finanzielle Aufwand ist somit von immenser Bedeutung. Eine nachsorgliche, in regelmäßigen Abständen durchgeführte Kontrolle und ggf. eine Nachschulung erhöhen den ohnehin schon erheblichen Aufwand.[18]

- **Telefonische Befragung**

Die telefonische Befragung gewinnt immer mehr an Bedeutung. In den USA werden ca. 90 Prozent der Erhebungen via Telefon durchgeführt.[19] Hierbei spielt der Zeit- sowie der Kostenfaktor eine wesentliche Rolle. Zeiteinsparungen entstehen einerseits durch das Wegfallen von vor Ort durchgeführten Interviews (z. B. Hausbesuche bei bundesweiten Umfragen) und andererseits durch die computergestützte, telefonische Befragung, bei welcher die Fragen unmittelbar vom Bildschirm abgelesen werden und anschließend die Antworten direkt in den PC eingegeben werden. Das Ausdrucken der Fragebögen und die separate Eingabe werden somit vermieden. Mit Hilfe der

---
[18] Vgl. Kuß, A. (2004), S. 95-99.
[19] Vgl. Dreier, V. (1994), S. 115.

telefonischen Erhebung können so genannte Ad Hoc-Befragungen durchgeführt werden, und nur kurze Zeit nach der Befragung können erste Resultate präsentiert werden. Den genannten Vorteilen dieser Messmethodik muss gegenübergestellt werden, dass der Befragte das Interview z. B. aus Zeitmangel plötzlich beendet. Ebenso können keine unterstützenden Dienste in Form von veranschaulichenden Bildern etc. geleistet werden.[20] Eine nachteilige Tatsache ist, dass sich das Interview per Telefon an einen vorgeschriebenen Zeitrahmen, meist 20 Minuten, halten muss. Infolgedessen können komplexere Fragen zu bestimmten Sachverhalten nicht in die Befragung integriert werden. Nicht immer sind die Probanden bereit, persönliche Daten über das Telefon Preis zu geben, was sich in der Unvollständigkeit der Befragung widerspiegelt.[21]

- **Computergestützte Befragung (Online–Befragung)**

In den Jahren 1998 bis 2003 ist die Anwendung des Internets um das fast Fünffache angewachsen. Je nach Zielgruppe können unterschiedliche Aussagen zu der Repräsentativität der Befragung gemacht werden. Für eine Bevölkerungsumfrage ist eine Online-Befragung nicht repräsentativ. Im Gegensatz dazu ist dies bei einer Umfrage, welche primär an Forschungsinstitute oder Unternehmen gerichtet ist, gegeben, da diese in jedem Fall einen Internetzugang besitzen. Der Zeit- und Kostenfaktor ist gering, da eine intensive Organisation (z. B. Betreuung und Schulungen von Interviewern) ebenso wenig anfällt wie Gebühren (z. B. für das Versenden von Fragebögen via Post). Aufgrund der vielen Möglichkeiten bei der Gestaltung der Fragebögen, wie z. B. das Einbringen von Bildmaterial oder Video-Sequenzen, ist eine qualitative Datenerhebung gegeben, sofern die wesentlichen Regeln einer Fragebogenentwicklung beachtet werden. Interessant ist, das Online eine verdeckte Datenerhebung bzgl. der Reaktionszeit zur Beantwortung einzelner Fragen stattfinden kann.

Werden Fragebögen via E-Mail verschickt, zählt dies zu der schriftlichen Befragung. Hier wird das Internet lediglich zur Versendung genutzt. Ein Anreiz zur Beantwortung muss ebenso wie bei der schriftlichen Befragung bspw. anhand eines Begleitschreibens

---

[20] Vgl. Klammer, B. (2005), S. 227 f.
[21] Vgl. Dreier, V. (1994), S. 116.

gegeben werden. Darüber hinaus findet die Datenanalyse nicht Online, sondern durch manuelle Eingaben statt.[22]

2.2.4 Der Fragebogen

Fällt die Entscheidung, eine schriftliche Umfrage zu erheben, bedarf es der Erstellung eines Fragebogens. Es ist erforderlich, einen auf die spezifische Branche, das eigene Unternehmen und das bestehende Produktportfolio angepassten Fragebogen zu erstellen. In diesem Abschnitt wird auf die Fragebogenerstellung und die Regeln, welche dabei zu beachten sind, eingegangen. Die Frageformulierung sowie die standardisierten Antworten mittels einer Skalierung werden anschließend erläutert und aufgezeigt.

2.2.4.1 Fragebogenentwicklung und -aufbau

Um aussagekräftige und korrekte Resultate einer Befragung zu erhalten, ist der systematische Aufbau eines Fragebogens ebenso wie die gewissenhafte und ordentliche Entwicklung Grundvoraussetzung.[23] Grundlegend bei der Entwicklung eines Fragebogens ist die Länge. „Fassen Sie sich kurz!" wird häufig in der Literatur gewarnt. Ein zu langer Fragebogen bremst die Motivation der Kunden und hält sie von der Beantwortung der Fragen ab.[24] Aufmerksamkeit sollte hierbei auf die Anzahl der Fragen gelegt werden. Es sind nur Fragen zu stellen, die nicht nur als wichtig empfunden werden, sondern auch Informationen über die Zufriedenheit der Kunden liefern.[25] Generell erweist sich eine Gruppierung von Themenblöcken als positiv. Eine derartige Unterteilung wirkt sich einerseits auf die Aufmerksamkeit des Befragten aus, andererseits auf das Gesamtbild des Fragebogens (Layout).[26] Für eine Auflockerung des Fragebogens kann Bildmaterial, z. B. ein Foto eines Produktes, eingesetzt werden."[27] Es kann bei der Frageform in offene und geschlossene Fragen unterschieden werden. Offene Fragen beinhalten im Gegensatz zu den geschlossenen Fragen keine

---

[22] Vgl. Kuß, A. (2005), S. 103 f.
[23] Vgl. Kuß, A. (2004), S. 8 f.
[24] Vgl. Kirchhoff, S., Kuhnt, S., Lipp, P., Schlawin, S. (2003), S. 19.
[25] Vgl. Harmeier, J. (2006), S. 61.
[26] Vgl. Burzan, N. (2005), S. 105.
[27] Vgl. Harmeier, J. (2006), S. 62.

Antwortvorgabe.[28] Die Umfrage der Business Line Y hat überwiegend geschlossene Fragen verwendet. Am Ende des Fragebogens wurde dem Befragten allerdings die Möglichkeit gegeben, anhand einer offenen Frage Kommentare zu dem Unternehmen oder speziell zu einer Leistungskomponente abzugeben. Bei den geschlossenen Skalafragen hatte der Kunde die Auswahlmöglichkeit seine Bewertung, zwischen eins (vollkommen zufrieden) und fünf (vollkommen unzufrieden) abzugeben. Die Länge des Fragebogens betrug zwei Seiten und somit war eine Beantwortungszeit von zehn Minuten realisierbar. Beide, sowohl der deutsche als auch der englische Fragebogen, sind im Anhang zu finden.

2.2.4.2 Frageformulierung und Reihenfolge

Ein bedeutender Punkt bei der Entwicklung eines Fragebogens ist die Formulierung der Fragen. In der sozialwissenschaftlichen Forschung und bei der Kundenzufriedenheitsforschung ist der befragte Personenkreis zum Teil sehr groß und dementsprechend vielschichtig, d. h. eine konkrete und simple Fragestellung ist das A und O für die Erhebung. Ein unverzerrtes Spektrum an Antworten ist nur dann zu erwarten, wenn die nachstehenden Regeln bei der Ausformulierung der Fragen Berücksichtigung finden.

- kurze, treffende Fragestellung
- leicht verständliche Fragen
- eindeutige Fragestellung
- neutral und konkret formulierte Fragestellungen
- keine Verwendung von Jugendsprache, Dialekte, Suggestivfragen oder Hypothesen
- Vermeidung doppelter Verneinungen

Die Aufzählungen lassen sich je nach Anwendung der Befragung ergänzen.[29]

Auch bei der Reihenfolge sind auf bestimmte Grundsätze acht zu geben. So sorgt ein zu anspruchsvoller Beginn für zunehmende Unaufmerksamkeit bei der Beantwortung der nachfolgenden Fragen. Leitlinien wie z. B. außerordentlich wichtige Fragen noch vor der ersten Hälfte zu platzieren und Fragen auf, die eine leichte bzw.

---

[28] Vgl. Koch, J. (1997), S. 74 f.
[29] Vgl. Klammer, B. (2005), S. 225 f.

schnelle Antwort gegeben werden können, am Ende zu stellen, sollten stets bei der Konzeptionisierung eines Fragebogens einbezogen werden.[30]

2.2.4.3 Skalierung

Wesentliche Anforderungen an die Skalenauswahl sind:

- Validität,
- Reliabilität,
- Trennschärfe,
- Utilität.

Die Validität beschreibt die Eigenschaft, das zu messen, was auch vorgesehen zu messen ist. Zuverlässigkeit und Verlässlichkeit eines Messinstruments beschreiben die Reliabilität mittels konsistenter Resultate bei wiederholter Erhebung. Die Trennschärfe soll mit Hilfe einer entsprechenden Skalenabstufung reale Unterschiede zum Ausdruck bringen. Die Utilität ist in den meisten Fällen gegeben, da sich die Skala lediglich als „nützlich" und somit als allgemein einsetzbar erweist.[31]

Mittels einer Skalierung wird der Maßstab für die zu untersuchenden Leistungskriterien bestimmt. Das Skalenniveau gibt die mathematischen Eigenschaften an und hebt somit die Wesentlichkeit der Information der erhobenen Daten heraus.[32] In der folgenden Tabelle werden die vier Skalenniveaus vorgestellt.

Messniveau		Eigenschaften	Beschreibung	Beispiele
Nominalniveau		gleich/ungleich	Messwerte sind gleich oder ungleich	Geschlecht, Nationalität, ...
Ordinal-		größer/kleiner	Messwerte lassen sich der Größe nach ordnen	Noten, Schicht, ...
Quantitativ	Intervall-	Abstand (+/-)	Abstände zwischen den Messwerten sind angebbar	Celsius-Skala, IQ, ...
	Ratio-	Verhältnis (·/:)	Messwertverhältnisse können berechnet werden	Kelvin-Skala, Alter, ...

Quelle: Entnommen aus: Mayer, H. (2006), S. 70.
Tabelle 1: Messniveaus der Skalentypen

---

[30] Vgl. Burzan, N. (2005), S. 105.
[31] Vgl. Raab, G., Unger, A., Unger, F. (2004), S. 68 f.
[32] Vgl. Homburg, C., Krohmer, H. (2006), S. 307.

Für die vorliegende Kundenzufriedenheitsanalyse, speziell für die Antwortgestaltung, wurde die nichtmetrische Ordinal-/Rangskala ausgewählt. Sie stellt z. B. anhand von Schulnoten eine Klassifizierung von Merkmalen dar.

Bei der Anwendung von einer Rangskala sollte die Skalastufung maximal bis sieben vorgegeben werden, um Schwierigkeiten bei der Unterscheidung der einzelnen Abstufungen zu vermeiden.

Der Proband entscheidet sich bei der Beantwortung der Fragen häufig für Mittelwerte oder Extremwerte. Dies führt zu verzerrten Resultaten bei der Erhebung. Weiterhin wird zu jeder Frage eine Antwort von dem Befragten abverlangt, da bei der Skaleneinstufung „keine Antwort" nicht vorgesehen ist.[33]

In der nachfolgenden Übersicht sind einige Beispiele für Rating-Skalen aufgezeigt.

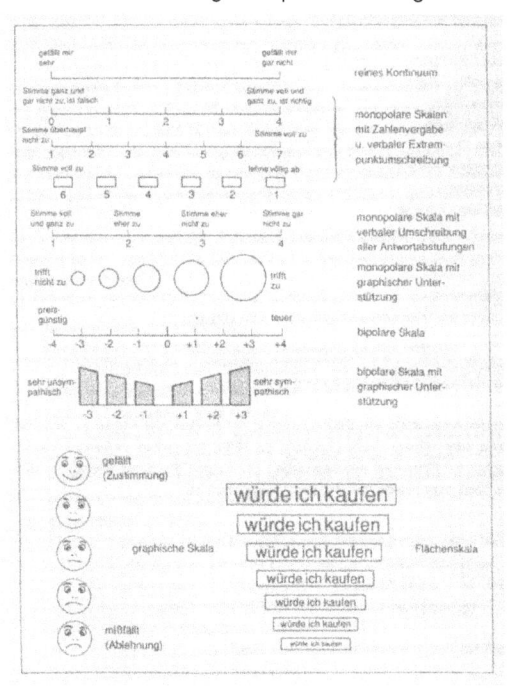

Quelle: Entnommen aus: Koch, J. (1997), S. 80.
Abbildung 3: Beispiele für in der Marktforschung verwendete Rating-Skalen

---

[33] Vgl. Koch, J. (1997), S. 78 f.

2.3 Pretest

Anhand eines Pretests soll der entwickelte Fragebogen in einer möglichst nahen Untersuchungssituation auf "Herz und Nieren" geprüft werden. Es können Informationen zur inhaltlichen Struktur, dem Gesamtumfang und zur Fragestellung gewonnen werden. Eine selektive Mitarbeiterbefragung und eine anschließende Befragung von einem kleinen ausgewählten Kundenkreis prüfen den erstellten Fragebogen auf seine Einsatzfähigkeit. Bei der Mitarbeiterbefragung hat sich als positiv gezeigt, Probanden aus verschiedenen Abteilungen in erster Linie zur Plausibilität und Genauigkeit zu befragen. Entstehen Verbesserungsvorschläge, ist es wichtig, diese unmittelbar in den Fragebogen aufzunehmen und die Fragen evtl. anzupassen. Im Anschluss erfolgt die Befragung an einen ausgewählten Kundenkreis. Hier sollten Fragen zur allgemeinen Verständlichkeit, zur logischen Reihenfolge, zur Vollständigkeit der Fragen und zum Umfang des Fragebogens an den Kunden gerichtet werden. Erhaltende Anmerkungen werden gesammelt und es erfolgt eine erneute Anpassung des Fragebogens.[34]
Die Anzahl der durchgeführten Pretests liegt in der Regel bei 20 bis 50 Personen.[35]

Die Business Line Y hat Pretests an 30 Personen durchgeführt, um ein generelles Feedback zur Gestaltung und zum Inhalt (Verständlichkeit) zu bekommen.
Es wurden 15 Personen der XYZ AG befragt. Darunter drei Mitarbeiter aus der Produktion, zwei aus dem Vertrieb, drei aus dem Marketing, eine Person aus dem Quality Management, drei aus der Logistik und weitere drei aus dem Labor. Hierbei wurden einige wenige Rechtschreibfehler und geringfügige Unklarheiten aufgedeckt. Nach einer Überarbeitung des Fragebogens wurde dieser an sieben deutsche Unternehmen in Deutsch und Englisch geschickt. Fazit hierbei war, das ausschließlich der deutsche Fragebogen für die Beantwortung herangezogen wurde. Somit war klar, dass auch nur dieser bei der Stichprobe an Unternehmen in Deutschland versandt wird. Acht weitere englische Fragebögen, welche nach der Erstellung von einem Muttersprachler taxiert wurden, wurden an diverse Unternehmen in Europa per E-Mail verschickt. Kleine Änderungen im Layout (Smilies bei der Rating-Skala) wurden nach den Pretests beim Kunden vorgenommen. Grund dafür bestand in der deutlicheren Darstellung. Der Proband hat somit die Möglichkeit, schnell zu erkennen , dass eins der Ausdruck für vollkommene Zufriedenheit und fünf für vollkommene Unzufriedenheit ist.

---

[34] Vgl. Harmeier, J. (2006), S. 65 f.
[35] Vgl. Kuß, A. (2005), S. 94 f.

2.4 Stichprobenbestimmung

Die Auswahl der Stichprobe, d. h. eine Teilerhebung, wird in der Regel aus zeitlicher und finanzieller Sicht durchgeführt. Bei einer Grundgesamtheit von unter 100 000 ist die folgende Gleichung zur Berechnung der Stichprobengröße anzuwenden.[36] Besondere Achtsamkeit sollte hierbei auf ein möglichst exaktes Abbild des Gesamtkundenkreises gelegt werden.[37]

$$n = \frac{t^2 \cdot p \cdot q \cdot N}{t^2 \cdot p \cdot q + e^2 \cdot (N-1)}$$

n = Stichprobenumfang
t = zulässiger Fehlerbereich   → t = 1 = 68,3% Sicherheit
　　　　　　　　　　　　　　　　 → t = 2 = 95,5% Sicherheit
　　　　　　　　　　　　　　　　 → t = 3 = 99,7% Sicherheit
(Faustwert t=2)
p = Anteil der Elemente in der Stichprobe, welche die Merkmalsausprägung aufweisen
q = Anteil der Elemente in der Stichprobe, welche die Merkmalsausprägung nicht aufweisen
(p und q sind im Vorfeld nicht bekannt, daher zur Sicherheit den schlechtesten Fall annehmen: beide 50%)
e = Genauigkeit (Faustwert 5%)

Quelle: Entnommen aus: Christianus, D. (2002), S. 35.
Abbildung 4: Gleichung zur Berechnung der Stichprobengröße

Am Beispiel der Business Line Y wird von einer Grundgesamtheit von 1 500 Kunden ausgegangen. Es wurden Kunden in Europa, allerdings ohne Groß Britannien, da diese eine separate Kundenzufriedenheitsumfrage einige Monate zuvor durchführten, befragt. Für die Berechnung wird eine Sicherheit von 95,5 Prozent und eine Genauigkeit von +/- drei Prozent vorausgesetzt. Somit ergibt sich ein Stichprobenumfang von ca. 639 Personen. Im Mai 2006 wurden für die Erhebung der Kundenzufriedenheit der Business Line Y 650 Fragebögen via Mail an Kunden in Europa versandt. Die Außendienstler in den einzelnen Ländern wurden über die Durchführung der Kundenzufriedenheitsanalyse informiert und bekamen die Aufgabe, ihre Kunden zur Beantwortung zu Motivieren.

---

[36] Vgl. Hinterhuber, H., Handlbauer, G., Matzler, K. (2003), S. 81 f.
[37] Vgl. Kirchhoff, S., Kuhnt, S., Lipp, P., Schlawin, S. (2003), S. 15.

2.5 Durchführung der schriftlichen Befragung

In der Untersuchungsphase wird die eigentliche Erhebung durchgeführt. Um den Kunden ausführlich über die Befragung und den Zweck zu informieren, ist ein Anschreiben, welches entsprechende Informationen für den Kunden enthält, angebracht. In den kommenden zwei Abschnitten wird sowohl auf das Anschreiben als auch auf die Erhebung detailliert eingegangen.[38]

2.5.1 Begleitschreiben

Das Erstellen und Versenden eines Begleitschreibens hat sich in der Vergangenheit als positiv erwiesen. Das Unternehmen hat so die Möglichkeit, anhand eines persönlichen Anschreibens den Probanden (z. B. einen Kunden) über den Inhalt und Nutzen der Umfrage zu informieren. Dieses Anschreiben kann einen Appell zur Notwendigkeit der Beteiligung an den Befragten richten. Ebenso sollte der Zielperson eine Zusicherung der Anonymität seiner persönlichen Angaben sowie der resultierenden Beurteilung der Fragen gegeben werden. Aspekte wie die persönliche Anrede mit Titel, Vorname, Name, ein Zeitrahmen für die Beantwortung und Zurücksendung plus die Information, den Befragten über die Resultate der Gesamtzufriedenheit zu benachrichtigen, sollten nach Möglichkeit in einem Begleitschreiben nicht fehlen.[39]

Der fehlende soziale Kontakt bei einer schriftlichen Erhebung kann durch die Versendung eines Begleitschreibens etwas relativiert werden und die Rücklaufquote erhöht werden.[40]

2.5.2 Datenerhebung

Der Datenerhebung gehen verschiedene Zielsetzungen voraus. So kann die Frage der Kundenzufriedenheit und der aktuellen Kundenwünsche mittels Datenerhebung beantwortet werden.
Bei der Befragung, welche bei der zugrunde gelegten empirischen Analyse angewandt wurde, handelt es sich um eine eindeutige und zielgerichtete Erhebung der Daten.

---
[38] Vgl. Raab, G., Unger, A., Unger, F. (2004), S. 405.
[39] Vgl. Häder, M. (2006), S. 240.
[40] Vgl. Berekoven, L., Eckert, W., Ellenrieder, P. (1999), S. 115.

Neben der direkten Erhebung existiert außerdem die indirekte Datenerhebung. Dies ist ein kontinuierliches, kennzahlenabhängiges Verfahren zur Messung der Kundenzufriedenheit. In der Praxis empfiehlt es sich, die indirekte Erhebung durch regelmäßige direkte Erhebungen in Form von Befragungen, Beobachtungen oder Tests zu unterstützen. Ein Nachteil der direkten Erhebung liegt in dem deutlich höheren Aufwand gegenüber der indirekten Methode. Als Vorteil ist jedoch die detaillierte Inhaltsschwere, die Aktualität und die Expressivität der Daten zuwerten.[41]

2.6 Analyse der Ergebnisse

Die Analyse der quantitativen Befragung anhand des standardisierten Fragebogens erfolgt über die computergestützte Erfassung der Fragebögen. Somit werden alle erhobenen Daten gesammelt. Anschließend erfolgt eine Auswertung entsprechend der Zielsetzung.[42] Hinter der Interpretation der Daten verbirgt sich als primäres Ziel das Erreichen der Erkenntnis von eventuellen Schwachstellen im Unternehmen.[43]

2.6.1 Datenauswertung

Für die o. g. Sammlung und anschließende Auswertung der Daten aus den ausgefüllten Fragebögen wird häufig das Tabellenkalkulationsprogramm EXEL angewandt.[44] Der eigentlichen Dateneingabe in den Computer gehen allerdings noch zwei wesentliche Schritte zur Datenaufbereitung voraus. Die Editierung und Codierung der Fragebögen. Ersteres bezeichnet eine möglichst zeitnahe Kontrolle der ausgefüllten Erhebungsbögen. Hierbei sollte unter anderem die Vollständigkeit, Verständlichkeit und Konsistenz der Angaben geprüft werden. Die Codierung beschreibt die Übersetzung (Zahlen) der Antwortmöglichkeiten. Wesentlich erscheint, eine überschneidungsfreie und einheitliche Codierung zu erfassen.[45]

---

[41] Vgl. Harmeier, J. (2006), S. 31 f.
[42] Vgl. Kirchhoff, S., Kuhnt, S., Lipp, P., Schlawin, S. (2003), S. 47 f.
[43] Vgl. Raab, G., Unger, A., Unger, F. (2004), S. 405.
[44] Vgl. Mayer, H. (2006), S. 102.
[45] Vgl. Kuß, A. (2005), S. 148 ff.

Die Codierung des Fragebogens der XYZ AG wird anhand der ausgewählten Rating-Skala auf dem Fragebogen dargelegt. Entsprechend der Vollständigkeit lautet die erfasste Codierung des Fragebogens wie folgt:

- eins = „vollkommen zufrieden",
- zwei = „zufrieden",
- drei = „mittelmäßig zufrieden",
- vier = „unzufrieden",
- fünf = „vollkommen unzufrieden".

Die erhoben Daten werden durch die Eingabe in den PC elektronisiert. Durch Fehler beim Lesen und Eintippen wird die Qualität der zu analysierenden Rohdaten reduziert. Nach Beendigung der Dateneingabe in EXEL liegt eine Datenmatrix für erste Auswertungen vor.[46] Um im Nachgang Fehlerkontrollen schneller durchzuführen, sollte jeder Fragebogen mit der Nummer ausgewiesen sein, welche er auch in der Datenmatrix besitzt. Grundsätzlich enthält die erste Spalte der Datenmatrix die Fragebogennummer und die oberste Zeile den Namen der Variablen. Speziell in der vorliegenden empirischen Erhebung sind in der ersten Reihe die Leistungskriterien gelistet. Sind alle Daten eingepflegt, werden anschließende Fehlerkontrollen hinsichtlich Plausibilität und Richtigkeit der Werte durchgeführt. Variable (Leistungskriterien) können zu verschiedenen Dimensionen (Leistungskomponenten) zusammengefasst werden. Dieser Ablauf wird in der Literatur als Indexbildung bezeichnet. Es kann in zwei Formen von Indices unterschieden werden. Zum einen in den ungewichteter additiven Index und zum anderen in den gewichteter additiven Index. Bei letzterem bezieht sich die Gewichtung auf ein subjektives Empfinden des Forschers. Die abgebildete Tabelle zwei A stellt die einzelnen Variablen in Zeile zwei und die Dimension in Zeile eins dar. In Spalte M ist der ungewichtete additive Index aufgezeigt. Laut Literatur wird dies für alle Variablen veranschlagt. Somit entsteht eine neue Datenmatrix, welche allein die Indices darstellt.[47] Diese Form von Auswertung ist allerdings nicht im Sinne der Business Line Y, da einzelne Variablen und somit Leistungskriterien, die evtl. direkten Hinweis auf Verbesserungsmaßnahmen vermitteln, verschleiert werden. Aus diesem Grund hat sich der Forscher für die Anwendung des Mittelwertes entschieden.

---

[46] Vgl. Kuß, A. (2005), S. 150 f.
[47] Vgl. Mayer, H. (2006), S. 106-111.

Der arithmetische Mittelwert $\bar{x}$ errechnet sich aus der Summe der Variablen dividiert durch die Gesamtanzahl n.

$$\bar{x} = \frac{1}{n}\sum_{i=1}^{n} x_1$$

In Anlehnung an: Dreier, V. (1994), S. 182.
Abbildung 5: Gleichung zum arithmetischen Mittel

Als Voraussetzung wird ein quantitatives Skalenniveau angesehen.[48] Die Rating-Skala erfüllt diese Bedingung. In Tabelle zwei B ist sowohl der Mittelwert eines Kunden bzgl. der Dimension (Leistungskomponente) als auch der Mittelwert jeder einzelnen Variable bezogen auf die Gesamtheit der Kundenrückläufe enthalten. Diese Mittelwerte sind äquivalent zu den Zahlen auf der Rating-Skala. Somit bleibt das Verständnis für die Wertung (Aus- und Bewertung) erhalten.

		A									B					
A	F	G	H	I	J	K	L	M	N	A	F	G	H	I	J	K	L	M
No.	Products									No.	Products							
	Product range	Quality of goods	Price - performance ratio	Price level against competition	Flexibility	Guarantee	Innovation of new products	ungewichteter additiver Index	Total Products		Product range	Quality of goods	Price - performance ratio	Price level against competition	Flexibility	Guarantee	Innovation of new products	Total Products
1	1	2	2	3	2	2	1	13	1,86	1	1	2	2	3	2	2	1	1,86
2	2	2	2	3	2	2	2	15	2,14	2	2	2	3	2	2	2	2	2,14
3	2	1	4	4	3	2	2	18	2,57	3	2	1	4	4	3	2	2	2,57
236	235									2	1	3	3	2	2	1	2,00
237	236									2	2	3	3	3	3	3	2,71
238										1,86	1,63	2,53	2,86	2,09	1,89	1,97	2,12

In Anlehnung: Interne Kundenzufriedenheitsanalyse, Stand: 25.08.2006.
Tabelle 2: Ausschnitt aus einer Datenmatrix im Vergleich

2.6.2 Ergebnisbericht

Zunächst ist auf die Rücklaufquote der durchgeführten Kundenzufriedenheitsanalyse der XYZ AG einzugehen. Von 650 versendeten Fragebögen wurden 236 zurückgeschickt. Dies ergibt einen Rücklauf von rund 36 Prozent. Die Ausschöpfungsrate für Mail-Surveys liegt laut Hippler bei ca. 20 Prozent. Andere Autoren (Hopkins/Stanley) hingegen sehen

---
[48] Vgl. Dreier, V. (1994), S. 181 ff.

30 bis 50 Prozent als typisch an.[49] Insofern ist die Rücklaufquote der Befragung durch die Business Line Y zufrieden stellend.

Die Resultate der Kundenzufriedenheitsanalyse sind akzeptabel. Die Gesamtzufriedenheit liegt bei ca. zwei. Hieraus lässt sich interpretieren, dass unsere Kunden mit der Leistung, den Produkten und dem Service rundum zufrieden sind. Aus der Übersicht der Ergebnisse geht deutlich die Zufriedenheit der Kunden mit den Außendienstlern hervor. Ebenfalls wurde der Prozess der Musterabwicklung sowie unsere Produktinformationen (Präsentationen, technische Dokumentationen) als gut bis sehr gut bewertet. Auf Produktebene wurde unter anderem nach dem Preis-Leistungs-Verhältnis und dem Preisniveau im Gegensatz zum Wettbewerb gefragt. Werte um drei zeigen eine tendenzielle Unzufriedenheit der Kunden. Im Vergleich der Product Line Z zu X scheinen diese Kunden bedeutend mehr Sensibilität hinsichtlich des Preises aufzuzeigen. Die Qualität unserer Produkte wird im Durchschnitt mit 1,62 bewertet und stellt damit ein exzellentes Ergebnis dar.

Unsere europäischen Außendienstler werden in erster Linie für ihre Freundlichkeit gelobt. Darüber hinaus erhalten diese für ihr Wissen bzgl. Produkten und deren Anwendung und die Unterstützung bei auftretenden Problemen bei dem Kunden ebenfalls hervorragende Bewertungen. Kritisiert wird die Unregelmäßigkeit der Besuche. Dieses Bild ist ebenso auf die Anwendungstechniker übertragbar. Hinsichtlich der Bestellabwicklung und der Kompetenz unseres Customer Service Centers ist ein sehr homogenes Bild mit Werten um die 1,8 wahrzunehmen. Hier wird deutlich, dass die Bearbeitung für beide Product Lines von einem Team des Customer Service Centers erfolgt. Die Musterbearbeitung sowie das Zusenden der vollständigen Dokumente wurde von den Kunden der Business Line Y als sehr gut (ca. 1,7) beurteilt. Dies ist auf die zuverlässige und prompte Bearbeitung durch die interne und externe Musterabteilung zurückzuführen. Die Lieferung als Leistungskomponente wurde prinzipiell als zufrieden stellend bewertet. Lediglich die termingenaue Lieferung wurde konträr zu den anderen Leistungskriterien minimal schlechter bewertet. Die Serviceebene wurde durchgehend mit Werten um 1,9 und somit für das Unternehmen als befriedigend beurteilt. Die Handhabung und der Informationsgehalt der Internet-seite wurden bei X als geringfügig besser empfunden als die der Business Line Z.

An dieser Stelle ist festzuhalten, dass nach der objektiven Ergebnisauswertung ein minimales Verbesserungspotential erkennbar ist. Das Leistungskriterium Innovation neuer Produkte wurde mit einem Durchschnittswert von 1,95 aus Kundensicht bewertet.

---

[49] Vgl. Häder, M. (2006), S. 237.

Innovationen und Trends spielen eine entscheidende Rolle. Hier ist eine bessere Bewertung in Zukunft anzustreben. Durch eine interne internationale Veranstaltung, wo Mitarbeiter aus Forschung und Entwicklung auf Marketing- und Vertriebsexperten treffen und über neue Entwicklungen, Trends und Marktbewegungen (Wettbewerb) diskutieren, hat das Unternehmen bereits einen entscheidenden Schritt in die richtige Richtung unternommen. Aufgrund der kritisch bewerteten Regelmäßigkeiten der Besuche beim Kunden sowohl seitens der Außendienstler als auch der Anwendungstechniker scheint hier eine stärkere Unterstützung durch den Innendienst sinnvoll. Für spezielle Regionen, z. B. Frankreich, wo sehr viele Kleinkunden von unseren Außendienstlern betreut werden, sollte die Überlegung, hier einen Distributor einzusetzen, in Betracht gezogen werden.

Das geringe Defizit bzgl. der termingenauen Lieferung wurde bereits von der Logistik erkannt und ein Projekt namens „delivery performance" implementiert. Hierbei soll der Qualitätsstandard angehoben sowie mögliche Faktoren z. B. minimaler Sicherheitsbestand angepasst werden.

Immer mehr Kunden nutzen die Möglichkeit, sich Informationen zu Produkten von unserer Internetseite zu beschaffen. Um an dieser Stelle eine zufriedenere Einstellung des Kunden zu erwirken, ist die Aktualität, der Informationsumfang sowie eine einfache Handhabung derer maßgeblich.

3. Literaturverzeichnis (inklusiver weiterführender Literatur)

Ahlert, M. (2003): Einsatz des Analytic Hierarchy Process im Relationship Marketing, Eine Analyse strategischer Optionen bei Dienstleistungsunternehmen, Wiesbaden 2003

Alquen, K. (2000): Kundenzufriedenheitsanalyse, Kundenzufriedenheit ist kein Zufall – Mehr Erfolg durch zufriedene Kunden!, 3. Aufl., Eschborn 2000

Bauer, M. (2000): Kundenzufriedenheit in industriellen Geschäftsbeziehungen, Wiesbaden 2000

Bartikowski, B. (2002): Kundenzufriedenheit, Verfahren zur Messung der Indifferenzzone, Lohmar, Köln 2002

Becker, J. (1998): Marketing – Konzeption, Grundlagen des strategischen und operativen Marketing-Managements, 6. Auflage, München 1998

Belz, C., Bieger, T. (2004): Customer Value – Kundenvorteile schaffen Unternehmensvorteile, Frankfurt 2004

Berekoven, L., Eckert, W. Ellenrieder, P. (1999): Marktforschung, Methodische Grundlagen und praktische Anwendungen, 8. Aufl., Wiesbaden 1999

Beutin, N. (2003): Verfahren zur Messung der Kundenzufriedenheit im Überblick, in: Homburg, C. (Hrsg.), Kundenzufriedenheit, Konzepte – Methoden – Erfahrungen, 5. Aufl., Wiesbaden 2003, S. 115-151

Bidmon, S. (2004): Kundenzufriedenheit im Investitionsgütermarketing, Theoretische Basis und Durchführung der Messung, Wiesbaden 2004

Breithaupt, H.-F. (2005): Dienstleistungen im Internet und Ihre Qualität aus Kundensicht, Wiesbaden 2005

Bruhn, M. (2001): Relationship Marketing, München 2001

Bruhn, M. (2006): Zufriedenheits- und Kundenbindungsmanagement, in: Hippner, H., Wilde, D., (Hrsg.), Grundlagen des CRM, Wiesbaden 2006, S. 509-539

Burzan, N. (2005): Quantitative Methoden der Kulturwissenschaften, Konstanz 2005

Christianus, D. (2002): Management von Kundenzufriedenheit und Kundenbindung, So steigern Sie den Gewinn und den Unternehmenswert, 2. Aufl., Renningen 2002

Christopher, M., Payne, A., Ballantyne, D. (2002): Relationship Marketing, Creating Stakeholder Value, Oxford 2002

Crabon, M., Preyer, H. (2002): Kundenzufriedenheit leicht gemacht, Darf`s ein bisschen mehr sein?, Frankfurt, Wien 2002

Dreier, V. (1994): Datenanalyse für Sozialwissenschaftler, München, Wien 1994

Eckey, H.-F., Kosfeld, R., Türck, M. (2005): Deskriptive Statistik, 5. Aufl., Wiesbaden 2005

Elfroth, A., Neckermann, S., Zupancic, D. (2006): Kundenzufriedenheit – Ein Konzept zur Messung und Verbesserung im Business-to-Business-Geschäft, Düsseldorf 2006

Fahlbusch, P. *(1999)* Total Customer Care – Veränderung des Unternehmens für eine umfassende Kundenzufriedenheit, in: Töpfer, A. (Hrsg.), Kundenzufriedenheit, Messen und Steigern, 2. Aufl., Luchterhand; Neuwied 1999, S. 43-59

Fincham, F., Hewstone, M. *(2002)*: Attributionstheorie und -forschung, Von den Grundlagen zur Anwendung, in: Stroebe, W., Jonas, K., Hewstone, M. (Hrsg.), Sozialpsychologie, Eine Einführung, 4. Aufl., Berlin, Heidelberg, New York 2002, S. 215-264

Föhrenbach, J. *(1996)*: Kundenzufriedenheit und Kundenbindung als Bestandteil der Unternehmenskommunikation, München 1996

Fornell, C. *(2001)*: Die Kunst, Kunden zufrieden zu stellen; in: Harvard Business Manager, 23. Jg, 2001, H. 5, Manager Magazin Verlagsgesellschaft mbH, Hamburg, S. 58 f.

Funk, T. *(2005)*: Die Wirkungen von Bonusprogrammnetzwerken auf das Cross-Buying-Verhalten, Wiesbaden 2005

Groß-Engelmann, M. *(1999)*: Kundenzufriedenheit als psychologisches Konstrukt, Bestandsaufnahmen und emotionstheoretische Erweiterung bestehender Erklärungs- und Messmodelle, Lohmar, Köln 1999

Günther, B. *(1996)*: Kundenanalyse und Kundenzufriedenheit als Grundlage der Customer Integration, in: Kleinaltenkamp, M., Fließ, S., Jacob, F. (Hrsg.), Customer Integration, Von der Kundenorientierung zur Kundenintegration, Wiesbaden 1996, S. 57-71

Häder, M. *(2006)*: Empirische Sozialforschung, Eine Einführung, Wiesbaden 2006

Hahn, C. *(2002)*: Segmentspezifische Kundenzufriedenheitsanalyse, Wiesbaden 2002

Harmeier, J. *(2006)*: Kundenzufriedenheit messen und managen, Kissing 2006

Helmke, S., Uebel, M., Brinke, D. *(2002)*: Kundenzufriedenheitsanalyse als CRM. Instrument für ein Unternehmen der Tourismusbranche, in: Uebel, M., Helmke, S., Dangelmaier, W. (Hrsg.), Praxis des Customer Relationship Management, Branchenlösungen und Erfahrungsberichte, Wiesbaden 2002, S. 356-374

Herrmann, A., Huber, F., Braunstein, C. *(2000):* Kundenzufriedenheit garantiert nicht immer mehr Gewinn; in: Harvard Business Manager, 22. Jg, 2000, H. 1, Manager Magazin Verlagsgesellschaft mbH, Hamburg, S. 45-55

Hewstone, M., Klink, A. *(1994)*: Intergruppenattribution, in: Försterling, F., Stiensmeier-Pelster, J. (Hrsg.), Attributionstheorie, Grundlagen und Anwendungen, Göttingen 1994, S. 73-104

Hill, N., Alexander, J. *(2000)*: Handbook of Customer Satisfaction and Loyalty Measurement, Second Edition, Hampshire, Burlington 2000

Homburg, C., Brucerius, M. *(2001)*: Kundenzufriedenheit als Managementherausforderung, in: Homburg, C. (Hrsg.), Kundenzufriedenheit, Konzepte – Methoden – Erfahrungen, 4. Aufl., Wiesbaden 2001, S. 52-85

Homburg, C., Fassnacht, M., Werner, H. *(1998)*: Operationalisierung von Kundenzufriedenheit und Kundenbindung, in: Bruhn, M., Homburg, C. (Hrsg.), Handbuch

Kundenbindungsmanagement, Grundlagen – Konzepte – Erfahrungen, Wiesbaden 1998, S. 389-419

Homburg, C., Giering, A., Hentschel, F. (1998): Der Zusammenhang zwischen Kundenzufriedenheit und Kundenbindung, in: Bruhn, M., Homburg, C. (Hrsg.), Handbuch Kundenbindungsmanagement, Grundlagen – Konzepte – Erfahrungen, Wiesbaden 1998, S. 81-112

Homburg, C., Schäfer, H., Schneider, J. (2002): Sales Excellence, Vertriebsmanagement mit System, 2. Auflage, Wiesbaden 2002

Homburg, C., Stock, R. (2001): Theoretische Perspektiven zur Kundenzufriedenheit, in: Homburg, C. (Hrsg.), Kundenzufriedenheit, Konzepte – Methoden – Erfahrungen, 4. Aufl., Wiesbaden 2001, S. 17-50

Homburg, C., Rudolph, B. (1998): Theoretische Perspektiven zur Kundenzufriedenheit, in: Simon, H., Homburg, C. (Hrsg.), Kundenzufriedenheit, Konzepte – Methoden – Erfahrungen, 3. Aufl., Wiesbaden 1998, S. 33-55

Homburg, C., Werner, H. (2000): Kundenzufriedenheit und Kundenbindung, in: Herrmann, A., Homburg, C. (Hrsg.), Marktforschung, Methoden – Anwendungen – Praxisbeispiele, 2. Aufl., Wiesbaden 2000, S. 913-933

Homburg, C., Werner, H. (1996): Ein Meßsystem für Kundenzufriedenheit, in: Absatzwirtschaft, 39. Jg., 1996, H. 11, S. 92-100

Homburg, C., Werner, H. (1998): Messung und Management von Kundenzufriedenheit, in: Marktforschung & Management, 42. Jg., 1998, H. 4, S. 131-135

Huber, F., Herrmann, A., Braunstein, C. (2002): Der Zusammenhang zwischen Produktqualität, Kundenzufriedenheit und Unternehmenserfolg, in: Hinterhuber, H.-H., Matzler, K. (Hrsg.), Kundenorientierte Unternehmensführung, Kundenorientierung - Kundenzufriedenheit – Kundenbindung, 3. Aufl., Wiesbaden 2002, S.61-80

Kaas, K.-P.; Runow, H. (1984): Wie befriedigend sind die Ergebnisse der Forschung zur Verbraucherzufriedenheit?, in Betriebswirtschaft, 44 Jg., 1984, Nr. 3, S. 452

Kaiser, M.-O. (2005): Erfolgsfaktor Kundenzufriedenheit, Dimensionen und Messmöglichkeiten, 2. Auflage, Berlin 2005

Kaminski, A. (2002): Logistik-Controlling, Entwicklungsstand und Weiterentwicklung für marktorientierte Logistikbereiche, Wiesbaden 2002

Kirchhoff, S., Kuhnt, S., Lipp, P., Schlawin, S. (2003): Der Fragebogen, Datenbasis, Konstruktion und Auswertung, 3. Aufl., Opladen 2003

Klammer, B. (2005): Empirische Sozialforschung, Eine Einführung für Kommunikationswissenschaftler und Journalisten, Konstanz 2005

Koch, J. (1997): Marktforschung, Begriffe und Methoden, 2. Aufl., München, Wien 1997

Krafft, M., Götz, O. (2006): Der Zusammenhang zwischen Kundennähe, Kundenzufriedenheit und Kundenbindung sowie deren Erfolgwirkungen, in: Hippner, H., Wilde, D., (Hrsg.), Grundlagen des CRM, 2. Aufl., Wiesbaden 2006, S. 325-356

Kießling, B., Koch, H. (1999): Kundenforum, Wiesbaden 1999

Kotler, P., Bliemel, F. (2001): Marketing-Managemant, Analyse, Planung und Verwirklichung, 10. Auflage, Stuttgart 2001

Kotler, P., Armstrong, G., Saunders, J., Wong, V. (2003): Grundlagen des Marketing, 3. Auflage, München 2003

Kralj, D. (2004): Vergütung von Beratungsdienstleistung, Agnecytheoretische und empirische Analyse, Wiesbaden 2004

Kroeber-Riel, W., Weinberg, P. (1999): Konsumentenverhalten, 7. Aufl., München 1999

Kromrey, H. (2002): Empirische Sozialforschung, 10.Aufl. Opladen 2002

Kuß, A. (2004): Marktforschung, Grundlagen der Datenerhebung und Datenanalyse, Wiesbaden 2004

Mann, M. (2004): Dialogmarketing, Konzeption und empirische Befunde, Wiesbaden 2004

Matzler, K., Bailom, F. (2002): Messung von Kundenzufriedenheit, in: Hinterhuber, H., Matzler, K. (Hrsg.), Kundenorientierte Unternehmensführung, Kundenorientierung – Kundenzufriedenheit – Kundenbindung, 3. Aufl., Wiesbaden 2002, S. 213–244

Mayer, H. (2006): Interview und schriftliche Befragung, Entwicklung, Durchführung und Auswertung, 3. Aufl., München, Wien 2006

Meffert, H. (2000): Marketing, Grundlagen marktorientierter Unternehmensführung, Konzepte – Instrumente – Praxisbeispiele, 9 Aufl., Wiesbaden 2000

Meister, D. (2004): Conceptual Foundations of Human Factors Measurement, London 2004

Meister, U., Meister, H. (2002): Kundenzufriedenheit messen und managen, Kundenwünsche punktgenau umsetzen, München, Wien 2002

Pepels, W. (1995): Käuferverhalten und Marktforschung, Stuttgart 1995

Pepels, W. (2004): Marketing, Lehr- und Handbuch, 4. Auflage, München, Wien 2004

Pfahlert, V., Fürst, A. (2001): Management von Kundenzufriedenheit im pharmazeutisch-diagnostischen Markt: das Beispiel Roche Diagnostics, in: Homberg, C. (Hrsg.), Kundenzufriedenheit, Konzepte – Methoden – Erfahrungen, 4. Aufl., Wiesbaden 2001, S. 403–432

Platzek, T. (1998): Selektion von Informationen über Kundenzufriedenheit, Wiesbaden 1998

Pufahl, M. (2003): Vertriebscontrolling, So steuern Sie Absatz, Umsatz und Gewinn, Wiesbaden 2003

Quartapelle.A., Larsen, G. (1996): Kundenzufriedenheit, Wie treue Kundentreue im Dienstleistungsbereich die Rentabilität steigert, Berlin, Heidelberg, New York 1996

Raab, G., Unger, A., Unger, F. (2004): Methoden der Marketing-Forschung, Grundlagen und Praxisbeispiele, Wiesbaden 2004

Rapp, R. (1995): Kundenzufriedenheit durch Servicequalität, Wiesbaden 1995

Reiner, T. (1993): Analyse der Kundenbedürfnisse und der Kundenzufriedenheit als Voraussetzung einer konsequenten Kundenorientierung, Diss., Hallstadt 1993

Riemer, M. (1986): Beschwerdemanagement, Frankfurt am Main 1986

Rudolph, B. (1998): Kundenzufriedenheit im Industriegüterbereich, Wiesbaden 1998

Scharnbacher, K., Kiefer, G. (1996): Kundenzufriedenheit, Analyse, Messbarkeit und Zertifizierung, München, Wien 1996

Scharnbacher, K., Kiefer, G. (1998): Kundenzufriedenheit, Analyse, Messbarkeit und Zertifizierung, München, Wien 1998

Schneider, W. (2000): Kundenzufriedenheit, Strategie – Messung – Management, Landsberg/Lech 2000

Schuckel, M., Hußmann, C. (2001): Neue Instrumente zur Messung der Kundenzufriedenheit, in: Müller-Hagedorn, L. (Hrsg.), Kundenbindung im Handel, 2. Aufl., Frankfurt am Main 2001, S. 91-122

Schreiner, P. (2005): Gestaltung kundenorientierter Dienstleistungsprozesse, Wiesbaden 2005

Schütze, R. (1992): Kundenzufriedenheit, Wiesbaden 1992

Seiwert, L. (1999): 30 Minuten für optimale Kundenorientierung, Offenbach 1999

Stanton, N., Salmon, P., Walker, G., Baber, C., Jenkins, D. (2005): Human Factors Methods, A Practical Guide for Engineering and Design, Burlington, Hampshire 2005

Stauss, B. (1999): Kundenzufriedenheit, in: Marketing ZFP, 21 Jg., 1999, H.1, S. 5-24

Stauss, B., Seidel, W. (2002): Beschwerdemanagement, Kundenbeziehungen erfolgreich managen durch Customer Care, 3. Auflage, München, Wien 2002

Stock, R. (2001): Der Zusammenhang zwischen Mitarbeiter- und Kundenzufriedenheit, Direkte, indirekte und moderierende Effekte, Wiesbaden 2001

Stock, R. (2003): Der Zusammenhang zwischen Mitarbeiter- und Kundenzufriedenheit, Direkte, indirekte und moderierende Effekte, 2. Aufl., Wiesbaden 2003

Strassburger, H. (1991): Wiederkaufsentscheidungsprozess bei Verbrauchsgütern: Ein verhaltenswissenschaftliches Erklärungsmodell, Frankfurt am Main 1991

Terlutter, R. (2006): Verhaltenswissenschaftliche Beiträge zur Gestaltung von Kundenbeziehung, in: Hippner, H., Wilde, D. (Hrsg.), Grundlagen des CRM, 2. Aufl., Wiesbaden 2006, S. 272-289

Terlutter, R., Kricsfalussy, A. (2006): Der Einsatz von Instrumenten im Rahmen des Relationship Marketing – Ergebnisse einer empirischen Erhebung, in: Hippner, H., Wilde, D. (Hrsg.), Grundlagen des CRM, 2. Aufl., Wiesbaden 2006, S. 633-649

Tomczak, T., Dittrich, S., (1996): Die Kundenzufriedenheit als strategischer Erfolgsfaktor, in: Dichtl, E. (Hrsg.), Kundenzufriedenheit, Erreichbar und Bezahlbar?, Mainz 1996, S. 16–36

Töpfer, A. (1999): Die Analyseverfahren zur Messung der Kundenzufriedenheit und Kundenbindung, in: Töpfer, A. (Hrsg.), Kundenzufriedenheit, Messen und Steigern, Aufl., Luchterhand, Neuwied 1999, S.299-372

Töpfer, A., Mann, M. (1999): Kundenzufriedenheit als Messlatte für den Erfolg, in: Töpfer, A. (Hrsg.), Kundenzufriedenheit, Messen und Steigern, 2. Aufl., Luchterhand, Neuwied 1999, S.59-110

Wahrig, G. (1991): Deutsches Wörterbuch, Gütersloh 1991

Weinberg, P. (1998): Verhaltenswissenschaftliche Aspekte der Kundenbindung, in: Bruhn, M., Homburg, C. (Hrsg.), Handbuch Kundenbindungsmanagement, Grundlagen – Konzepte – Erfahrungen, Wiesbaden 1998, S. 39-53

Winkelmann, P. (2005): Vertriebskonzeption und Vertriebssteuerung, Die Instrumente des integrierten Kundenmanagements (CRM), 3. Aufl., München 2005

Zuba, R. (1998): Messung und Modellierung von Kundenzufriedenheit, Diss., Wien 1998

Internetquellen:

www.business-wissen.de/de/baustein/kapitel35.html, Stand: 15.12.2006

www.business-wissen.de/de/aktuell/kat10/akt20687.html, Stand: 15.12.2006

http://de.wikipedia.org/wiki/Kundenzufriedenheit, Stand: 15.12.2006

http://www.im-marketing-forum.de/zeitschriften/pdf/down_2003-02_b.pdf, Stand: 15.12.2006

http://www.handelsblatt.com/news/Karriere/Management-Strategie/_pv/_p/200812/_t/ft/_b/1129913/default.aspx/wuerden-sie-uns-weiterempfehlen.html, Stand: 15.12.2006

4. Abbildungsverzeichnis

Abbildung 1: Ablauf einer Kundenzufriedenheitsuntersuchung und die Umsetzung der abgeleiteten Maßnahmen.................5
Abbildung 2: Zufriedenheitskriterien auf Produkt-, Service-, Beziehungsebene.........9
Abbildung 3: Beispiele für in der Marktforschung verwendete Rating-Skalen...........17
Abbildung 4: Gleichung zur Berechnung der Stichprobengröße.................19
Abbildung 5: Gleichung zum arithmetischen Mittel....................23

5. Tabellenverzeichnis

Tabelle 1: Messniveaus der Skalentypen................16
Tabelle 2: Ausschnitt aus einer Datenmatrix im Vergleich...........23

6. Anhang

Anhang 1: Fragebogen (Deutsch) 34
Anhang 2: Fragebogen (Englisch)....................... 36
Anhang 3: Begleitschreiben (Deutsch) 37
Anhang 4: Begleitschreiben (Englisch)................. 38

Kundenzufriedenheit

Kunde:
Kundennummer:
Kontaktperson:

Datum:
Land:

Abteilung:
- [ ] Geschäftsführung
- [ ] Logistik
- [ ] Einkauf
- [ ] Produktion
- [ ] F & E
- [ ] sonstige

Grund der Kundenzufriedenheit ist es herauszufinden was unser Kunde von und weiterhin einen Überblick zu bekommen, wie Zufrieden/Unzufrieden ein Kunde ist.

AG als Lieferant erwartet

1 2 3 4 5
☐ ☐ ☐ ☐ ☐

Absolut Zufrieden ☺ ←——→ ☹ Total Unzufrieden

1. Produkte
- Produkt portfolio ☐☐☐☐☐
- Qualität der Ware ☐☐☐☐☐
- Preis - Leistungsverhältnis ☐☐☐☐☐
- Preisniveau gegenüber der Konkurrenz ☐☐☐☐☐
- Flexibilität (Produktion, zeitnahe Lieferung) ☐☐☐☐☐
- Garantie ☐☐☐☐☐
- Innovation neuer Produkte ☐☐☐☐☐

2. Außendienstler
- Wissen über Produkte und Anwendungsgebiete ☐☐☐☐☐
- Freundlichkeit ☐☐☐☐☐
- Unterstützung für Problemlösungen ☐☐☐☐☐
- Häufigkeit der Besuche ☐☐☐☐☐
- Engagement ☐☐☐☐☐

3. Technischer Labor Service
- Wissen über Produkte und Anwendungsgebiete ☐☐☐☐☐
- Rahmrezepturen ☐☐☐☐☐
- Unterstützung für Problemlösungen ☐☐☐☐☐
- Häufigkeit der Besuche ☐☐☐☐☐
- Freundlichkeit ☐☐☐☐☐

4. Angebot & Auftrag
- Kompetenz (Flexibilität, Professionell) ☐☐☐☐☐
- Fähigkeit den Ansprüchen gerecht zu werden ☐☐☐☐☐
- Vollständigkeit der Produkte und Unterlagen ☐☐☐☐☐

5. Muster
- Musterbestellung ☐☐☐☐☐

Schnelligkeit der Lieferung ☐ ☐ ☐ ☐ ☐
Vollständigkeit der ☐ ☐ ☐ ☐ ☐

6. **Lieferung**
Zeitnahe Lieferung ☐ ☐ ☐ ☐ ☐
Liefermengen ☐ ☐ ☐ ☐ ☐
Qualität der Lieferung ☐ ☐ ☐ ☐ ☐

7. **Informationen über unsere Produkte**
Unterstützung bei Neuentwicklungen ☐ ☐ ☐ ☐ ☐
Technische Dokumentation (MSDS, DS) ☐ ☐ ☐ ☐ ☐
Produktpräsentationen ☐ ☐ ☐ ☐ ☐
diverse Informationen (Broschüren) ☐ ☐ ☐ ☐ ☐
zeitnahe Lieferung ☐ ☐ ☐ ☐ ☐

8. **Service**
Qualität des Services ☐ ☐ ☐ ☐ ☐
Ausmaß unseres Services ☐ ☐ ☐ ☐ ☐
Reaktion bei speziellen Wünschen ☐ ☐ ☐ ☐ ☐
Handhabung von Beschwerden ☐ ☐ ☐ ☐ ☐

10. **Internetseite**
informativ ☐ ☐ ☐ ☐ ☐
einfache Handhabung ☐ ☐ ☐ ☐ ☐

11. **Allgemeine Zufriedenheit/Unzufriedenheit** ☐ ☐ ☐ ☐ ☐

11. **Kommentare**

Anhang 1: Fragebogen (Deutsch)[50]

---

[50] Fragebogen in Deutsch aus der internen Kundenzufriedenheitsanalyse der Firma XYZ AG, Stand: 16.05.2006.

Customer Satisfaction

Customer: Key Account:

Customer ID No: Country:

Contact Person: Author:

Department   Management ☐   Date of Contact:

                 Logistic ☐

                 Purchasing ☐

                 Production ☐

                 R&D ☐

                 add. ☐

The purpose of this survey is to find out what you expect from AG as a supplier and how satisfied or dissatisfied you are with the service you receive.

                               1   2   3   4   5
                               ☐ ☐ ☐ ☐ ☐

Totally Satisfied ☺ ⟷ ☹ Totally Dissatisfied

Scoring Guide:
Each factor can be given any score between 1 and 5. It does not matter if some factors have the same score.
Please qualify your satisfaction/opinion about the following items for the Business Unit Personal Care / Home Care.

1. Products
- Product range   ☐ ☐ ☐ ☐ ☐
- Quality of goods   ☐ ☐ ☐ ☐ ☐
- Price - performance ratio   ☐ ☐ ☐ ☐ ☐
- Price level against competition   ☐ ☐ ☐ ☐ ☐
- Flexibility (production, storage, delivery time) ☐ ☐ ☐ ☐ ☐
- Guarantee   ☐ ☐ ☐ ☐ ☐
- Innovation of new products   ☐ ☐ ☐ ☐ ☐

2. Sales Rep.
- Knowledge of products and application   ☐ ☐ ☐ ☐ ☐
- Friendliness   ☐ ☐ ☐ ☐ ☐
- Support for problem solutions   ☐ ☐ ☐ ☐ ☐
- Frequency of visits   ☐ ☐ ☐ ☐ ☐
- Commitment   ☐ ☐ ☐ ☐ ☐

3. Technical Laboratory Service
- Knowledge of products and application   ☐ ☐ ☐ ☐ ☐
- Guideline formulations   ☐ ☐ ☐ ☐ ☐
- Support for problem solutions   ☐ ☐ ☐ ☐ ☐

Proactive frequency of visits	☐	☐	☐	☐ ☐
Friendliness	☐	☐	☐	☐ ☐

4. Offer + Order

Competence (Flexibility, Professional)	☐	☐	☐	☐ ☐
Ability to meet requirements	☐	☐	☐	☐ ☐
Completeness of products + documentation	☐	☐	☐	☐ ☐

5. Sample procedure

sample order management	☐	☐	☐	☐ ☐
speed of shipment	☐	☐	☐	☐ ☐
complete documentation	☐	☐	☐	☐ ☐

6. Delivery

Delivery in time	☐	☐	☐	☐ ☐
Quantity	☐	☐	☐	☐ ☐
Quality of delivery	☐	☐	☐	☐ ☐

7. Information about products

Support for new developments	☐	☐	☐	☐ ☐
Technical documentation (MSDS, DS)	☐	☐	☐	☐ ☐
Product presentation	☐	☐	☐	☐ ☐
variouse information (broschure, leaflets)	☐	☐	☐	☐ ☐
Delivery in time	☐	☐	☐	☐ ☐

8. Service

Quality of service	☐	☐	☐	☐ ☐
Extent of service	☐	☐	☐	☐ ☐
Reaction to special request	☐	☐	☐	☐ ☐
Handling of complaints	☐	☐	☐	☐ ☐

10. Website

informative	☐	☐	☐	☐ ☐
easy handling	☐	☐	☐	☐ ☐

11. General Satisfaction ☐ ☐ ☐ ☐ ☐

11. Comments

Anhang 2: Fragebogen (Englisch)[51]

---

[51] Fragebogen in Englisch aus der internen Kundenzufriedenheitsanalyse der Firma XYZ, Stand: 16.05.2006.

Sehr geehrte/r Frau/Herr XYZ,

wir sind ständig bemüht, unser Angebot für Sie zu verbessern. Außerdem ist uns wichtig, Ihre Meinung zu erfahren.

In Anlehnung an unser Quality Management und ebenfalls im Rahmen meiner Diplomarbeit führen wir eine Kundenzufriedenheitsumfrage durch.

Wir hoffen, mit Hilfe der Umfrage neue Erkenntnisse über Ihre Bedürfnisse zu erhalten und unsere Leistungen für Sie zu optimieren.

Wir bitten Sie deshalb, sich zehn Minuten Zeit zu nehmen, um den beigelegten Fragebogen (in Englisch oder Deutsch) auszufüllen. Anonymität ist natürlich gewährleistet. Bitte schicken Sie den Fragebogen via Mail oder Fax an mich bis zum 15.06.2006 zurück. Vielen Dank für Ihre Teilnahme im Voraus.

Für Rückfragen stehe ich Ihnen gerne zur Verfügung.

Mit freundlichen Grüßen

Geraldine Strutz

Anhang 3: Begleitschreiben (Deutsch)[52]

---

[52] Vgl. Begleitschreiben in Deutsch aus der internen Kundenzufriedenheitsanalyse der Firma XYZ, Stand: 16.05.2006.

Dear Mr./Ms. XYZ,

Our company is constantly interested in improving the service for you. Furthermore it is important for us to better get to know your opinion. Basing on our Quality Management and my thesis we elaborate the customer satisfaction. Hopefully we will get new information about your requirements. So we can optimize our service. Please grant us only 10 minutes of your time to fill out the attached questionnaires. Of course, the whole process is completely anonymous. Please return the questionnaires to my attention by e-mail or fax until 15.06.2006. Many thanks in advance for your participation.

Should you have any questions left, please contact me any time.

Best regards,

Geraldine Strutz

Anhang 4: Begleitschreiben (Englisch)[53]

Mehr zu diesem Thema finden Sie in „Analyse der Kundenzufriedenheit Methodik, Vorgehensweise und Durchführung" von Geraldine Strutz, ISBN: 978-3-638-68895-6
http://www.grin.com/de/e-book/70297/

---

[53] Vgl. Begleitschreiben in Englisch aus der internen Kundenzufriedenheitsanalyse der Firma XYZ, Stand: 16.05.2006.

CPSIA information can be obtained
at www.ICGtesting.com
Printed in the USA
LVHW100104291022
731821LV00004B/475

9 783656 692393